Das silberne Segel

Ein musikalisches Abenteuer
von Wolfram Eicke & Hans Niehaus

01	AM ANFANG STEHT IMMER EIN TRAUM	04-06
02	FLÜGEL IM WIND	08-12
03	ICH WARTE AUF DICH	14-16
04	DER MÜLLER	20-25
05	DER SPIELMANN	28-33
06	EISENFUSS	36-39
07	GUTER FREUND, ES IST VORBEI!	42-45
08	DIE RATTENKÖNIGIN	48-49
09	FRESSEN! FRESSEN!	52-55
10	HINTER DEM ZAUN	57-59
11	TAUSEND DUBLONEN	60-66
12	WARUM BIN ICH HIER?	68-73
13	LAUSCHER LAUERN AN DER WAND	75-77
14	MEIN FREUND, WARUM NUR?	79-81
15	WIR SIND NICHT ALLEIN	82-83
16	DIE PROPHEZEIUNG	86-87
17	HEISSER MUSS DAS FEUER GLÜH'N	89-91
18	SOLL'N WIR FEINDE BLEIBEN?	93-99
19	FREI SEIN!	102-110

Der Traum

    Ist einer mutig genug?
  Glaubt einer an den Traum?
Macht sich einer auf den Weg?

Die Herzen der Menschen, dunkel vor Angst, ersehnen den Schimmer des Silbernen Segels. Eines Tages kommt die Zeit. Einer stellt sich den Gefahren, vertraut dem Licht die Herrschaft an.

Seit Jahrhunderten haben immer wieder Menschen von diesem geheimnisvollen Silbernen Segel geträumt. Es gleitet über die Meere und spiegelt das Ewige Licht.

Auch ein Junge hat diesen Traum. Er heißt Randolf und trägt eine Pelzhose aus dem Fell eines Wolfes. Im Land herrscht der Dreißigjährige Krieg. Der junge Randolf hat alles verloren, Familie und Elternhaus, und er schlägt sich allein durch eine feindselige Welt.

Nun träumt er von diesem strahlend hellen, silbrig schimmernden Licht, und sein Herz fühlt sich unbeschwert und leicht und weit und frei.

*Folge dem
Wer lernt
überleben
GLEICH*

AM ANFANG STEHT IMMER EIN TRAUM

(Randolf = R, Mara = M, Lilli = L)

Musik: Hans Niehaus, Wolfram Eicke
Text: Wolfram Eicke, Hans Niehaus

M: Am

An-fang steht im-mer ein Traum. Am An-fang steht im-mer ein Traum. R: Was wir auch

trei-ben im wei-ten Wel-ten-raum. Am An-fang steht im-mer ein Traum. M: Am

An-fang steht im-mer ein Traum. Am An-fang steht im-mer ein Traum. Beide: Was wir auch

© 2006 Musikverlag Warzenschwein

hof-fen, er-kämp-fen o-der bau'n. M: Am An-fang steht im-mer ein Traum.

Erzähler: Ist einer mutig genug? Macht sich einer auf den Weg?

Erzähler: Noch sind die Herzen der Menschen dunkel vor Angst. Aber eines Tages kommt die Zeit... Alle: Am

An-fang steht im-mer ein Traum. Am An-frang steht im-mer ein

Traum. Ob wir das silberne Segel einmal schau'n? L: Am Anfang steht immer ein Traum. Alle: Ob wir das silberne Segel einmal schau'n? L: Am Anfang steht immer ein Traum. R: Am Anfang steht immer ein Traum!

Im Traum erscheint Randolf noch ein anderes Bild:
Ein kupfernes Amulett mit einer seltsamen Schrift.
Wie ein Rätselspruch, bei dem eine Hälfte fehlt:

„Folge dem
Wer lernt
über Leben
Gleich!"

Flügel im Wind

FLÜGEL IM WIND

(Randolf = R & Aufrechte Bürger = B)

Musik: Hans Niehaus, Wolfram Eicke
Text: Wolfram Eicke, Hans Niehaus

R: Und wieder mal geträumt. Es bleibt derselbe Traum. Ich segle übers Land und fliege übers Meer.

Flügel im Wind, Flügel im Wind, Flügel, die uns heben, Flügel im Wind, Flügel im Wind, über Zeit und

© 2006 Musikverlag Warzenschwein

Raum. Flü-gel im Wind, Flü-gel im Wind, him-mel-hoch zu schwe-ben Flü-gel im Wind, Flü-gel im Wind - das bleibt nicht nur ein Traum!

B: Schaut ihn euch an, den Spin-ner! Der schafft es nie und nim-mer! Das sind doch al-les Kin-de-rei'n.

R: Leuchte Silbersegel! Leuchte Silbersegel! Wenn es hell wird, sind wir frei.

B: Verdächtig, was er treibt! Verdächtig, wie er schweigt! Und trägt so rätselvoll den Pelz von einem Wolf.

D G D D C C
♩ = 133
R: Flü - gel im Wind, Flü - gel im Wind, Flü - gel, die uns
53
D G D D C C
he - ben, Flü - gel im Wind, Flü - gel im Wind, ü - ber Zeit und
57
D G D Am C C
Raum. Flü - gel im Wind, Flü - gel im Wind, him - mel - hoch zu
61
D G D Am C C
schwe - ben Flü - gel im Wind, Flü - gel im Wind - das bleibt nicht nur ein
65

Traum! Die Welt ist doch so weit. Was hält sie noch bereit? Mein Traum sagt, es ist Zeit...

rit.

Aufbrechen? Mit unbekanntem Ziel? Oder vielleicht doch lieber am vertrauten Ort bleiben - zwar beschimpft als Herumtreiber und Außenseiter - aber in der Nähe seiner einzigen Freundin, Lilli, die ihm hin und wieder Geld und Essen schenkt? Randolf streicht über das Fell seiner Hose und muss wieder an den Wolf denken, der seinen Vater getötet hat. Wenn er doch nur wüsste, was richtig oder falsch ist!

„Würdest du mitkommen?" fragt er Lilli. Sie schüttelt den Kopf. „Meine Mutter ist zu krank – sie braucht mich." Randolf weiß, dass er sich entscheiden muss.

Ich warte auf Dich

ICH WARTE AUF DICH

(Randolf = R & Lilli = L)

Musik: Hans Niehaus, Wolfram Eicke
Text: Wolfram Eicke, Hans Niehaus

1. R: Ich will nicht länger frieren. L: Ich will dich nicht verlieren.
R: Halt mich nicht zurück, ich muss hier einfach raus. L: Aber kommst du zurück? R: Oder kommst du mit mir? L: Ich warte auf dich.

© 2006 Musikverlag Warzenschwein

2. R: Weißt du nicht, was ich mei - ne? L: Du lässt mich ganz al - lei - ne!

R: Halt mich nicht zu - rück, ich muss hier ein - fach raus. L: Ja, du machst dein Glück R: Und dann komm ich zu - rück! L: Ich war - te auf dich.

3. L: Bleibst du lang auf der Rei - se? R: Wei - te Welt, wei - te Krei - se.

L: Wenn's zu lan - ge dau - ert, komm ich hin - ter - her! R: Lass mich erst - mal geh'n! L: Bis zum Wie - der - seh'n! Ich war - te auf dich. Ich war - te auf dich. Beide: Ich war - te auf dich.

Barfuß unterwegs in Richtung Meer, begegnet Randolf plündernden Soldaten, Bettlern und Dieben. Sein letztes Geld wird ihm gestohlen. Arbeit? Essen? Unterkunft? Die Leute in den Dörfern und Städten schlagen ihm die Türen vor der Nase zu. Jeder kämpft ums eig'ne Überleben. „Wär ich doch bei Lilli geblieben!" denkt Randolf manches Mal. Er hat Angst, er ist allein, er weiß nicht wohin, und ihm ist schwindelig vor Hunger.

DER MÜLLER

Als ihm ein Müller anbietet, in seiner Mühle zu arbeiten, greift Randolf zu. Er riecht nur das gute Essen und denkt kaum noch an sein Abenteuer, während er die schweren Kornsäcke schleppt.

DER MÜLLER

(Randolf = R & Müller = M)

Musik: Hans Niehaus, Wolfram Eicke
Text: Wolfram Eicke, Hans Niehaus

♩ = 66 Reggae feeling

1. R: Noch ein Sack mehr! M: Die Rä-der mah-len, mah-len!

R: Oh ist das schwer, im-mer nur Sä-cke tra-gen! M: Wä-ren sie leer, würd' ich dich nicht um Hil-fe fra-gen.

© 2006 Musikverlag Warzenschwein

2. R: Noch ein Sack mehr, im-mer nur tra-gen, tra-gen. M: Doch ich bin fair, und füt-ter' dei-nen Ma-gen.

R: Oh, ist das schwer - ich brau-che drin-gend ei-ne Pau-se.

M: Im-mer wenn ich gu-cke, hängst du rum!

Im-mer wenn ich gu-cke, hängst du nur faul rum!

21

3. R: Noch ein Sack mehr! M: Die Räder mah-len, mah-len!

R: Oh, ist das schwer, im-mer nur Sä-cke tra-gen! M: Hier sind noch mehr, das fri-sche Korn wurd' grad ge-lie-fert! R: Und das je-den Tag, die gan-ze Wo-che ü-ber, ich trag und trag, und al-les nur für'n Tel-ler Sup-pe!

M: Ja, so'n Teller Suppe, der macht satt. Und alles ist schnuppe, wenn man Arbeit hat.

R: Ich schuffte wie ein Ackergaul.

M: Die Suppe stopft dir gleich das Maul.

R: Ja, Müller! Satt werde ich hier, das stimmt. Aber auf Dauer ist mir der Preis einfach zu hoch.
Ich kann nicht meine Träume verkaufen. Nicht für'n Teller Suppe!
M: Freiheit – wie? Träumst du immer noch deine Flausen?
R: Ja, ich hab' immer noch meinen Traum.

4. R: Ein Licht auf dem Meer! M: Du willst wohl wieder hungern?

R: Zahl mir den Lohn! M: Du wirst schön bei mir bleiben! R: Nein, ich geh'! Mein Rücken ist schon krumm ge-

nug. Hinten am Meer, da seh' ich Schiffe kommen,

während ich hier immer nur Säcke schleppe. Hinter dem Meer, da geht die Welt noch viel weiter. Da geht die Welt noch viel weiter. Da geht die Welt noch viel

weiter. Da geht die Welt noch viel weiter.

Da geht die Welt noch viel weiter.

Randolf ist wieder unterwegs.

Gleiches zieht Gleiches zueinander - das ist das Gesetz des Lebens.

Das kupferne Amulett, von dem Randolf geträumt hatte, trug die rätselhafte Schrift:

> *"Folge dem*
>   *Wer lernt*
> *über Leben*
>   *Gleich"*.

Er weiß nicht, dass ein anderer die fehlende Hälfte kennt. Ein ganz anderer. Mit ganz anderen Absichten. Auch dieser andere hat im Traum ein kupfernes Amulett gesehen, und auch er ist auf der Suche nach dem Silbernen Segel.

Wer das ist? Einen Hinweis bekommt Randolf von einem fahrenden Sänger, einem Spielmann, der auf den Marktplätzen singt und Neuigkeiten aus der Welt erzählt.

Aber Randolf ahnt nicht, dass der sagenhafte Pirat, der in einem Lied besungen wird, sein Gegenspieler ist - auf den er eines Tages treffen muss, und ohne den er sein Ziel niemals erreichen kann. Gleiches zieht Gleiches zueinander.

Für Randolf ist der Spielmann auf dem Marktplatz eine willkommene Abwechslung, wie für die anderen Bürger auch.

DER SPIELMANN

DER SPIELMANN

Musik: Hans Niehaus, Wolfram Eicke
Text: Wolfram Eicke, Hans Niehaus

♩ = freies Tempo, erzählend

Das Meer ist ein ge-fähr-li-cher Ort.
Hai-e und Kra-ken le-ben dort. Es brau-sen Stür-me ü-ber die Wel-len,
und es lau-ern wüs-te Ge-sel-len. Ei-ner ist schlim-mer als Hai-e und Kra-ken:
ei-ner, der mit dem En-ter-ha-ken dein Schiff sich packt und raubt es dir aus,

© 2006 Musikverlag Warzenschwein

und wird's ver - sen - ken mit Mann und Maus.

Sein Name wird von al - len nur ge - wis - pert. Man spricht nicht ü - ber ihn, man flüs - tert: Ei - sen - fuß! Ei - sen - fuß! So hart wie er ist ge - gen an - d're, so hart ist er ge - gen sich selbst. Im

Ker - ker saß er als Ge - fan - g'ner, der Gal - gen war auf - ge - stellt, der

Gal - gen war auf - ge - stellt.

Dm
Der Hen - ker knüpf - te die Schlin - ge, das
50
Volk wollt' ihn hän - gen sehn. Der Hen - ker knüpf - te die Schlin - ge für den Pi -
54
ra - ten - ka - pi - tän, für den Pi - ra - ten - ka - pi - tän.
58
Dm Gm/D Dm Dm Gm/D Dm
3fr.
3fr.
Ei - sen - fuß! Ei - sen - fuß!
62

An - ge - ket - tet im Ker - ker, fest - ge - schmie - det am Fuß. Doch ein Ge - dan - ke war stär - ker, und der Käp - t'n dach - te: Ich tu's! Ja der Käp - t'n dach - te ich tu's!

♩ = freies Tempo, erzählend

Es brach - te ihm ei - ner ein Beil,

und der Käp-t'n hack-te ins Bein. Es brach-te ihm ei-ner ein Beil,

und der Käp-t'n hack-te sich frei.

Ei - sen - fuß! Ei - sen - fuß!

rit.

EISENFUSS!

Wenige Tage später, in einem Gasthaus, bekommt Randolf einen neuen Hinweis. Ein Waffenschmied auf Wanderschaft erzählt ihm: „So ein kupfernes Amulett, nach dem du fragst, habe ich erst neulich angefertigt - für einen fremden, humpelnden Kapitän aus Glückstadt an der Elbe."

Da muss ich hin, denkt Randolf, und im Hafen stößt er auf die Spur des verkleideten Piratenkapitäns. Eisenfuß lässt gerade neue Kanonen an Bord seines Schiffes bringen. Er will das Silberne Segel erbeuten und einschmelzen.

Eisenfuß wittert in Randolf einen Rivalen - aber er will ihn nicht töten, weil er vermutet, dass Randolf etwas weiß, und dass dieses Wissen auf der Suche nach dem Silbernen Segel nützlich sein könnte. Also hält Eisenfuß ihn fest an Bord seines Piratenschiffes „Kralle", als es wieder hinaus aufs Meer geht. -

Randolf ist ein Gefangener. Ringsum nur endloses, weites, schaukelndes Wasser. An Bord wird hart gearbeitet.

Planken schrubben! Feuerholz hacken! Eimer schleppen! Netze knüpfen! Segel setzen! Kartoffeln schälen!

Und jeden Tag die neuen Kanonen putzen, darauf legt der Käptn ganz besonderen Wert.

EISENFUSS!

EISENFUSS!
EISENFUSS!
EISENFUSS! PIRATENBLUT!
EISENFUSS! PIRATENBLUT

35

EISENFUSS

(Eisenfuß = E & Piraten = P & Daddeldu = D)

Musik: Hans Niehaus, Wolfram Eicke
Text: Wolfram Eicke, Hans Niehaus

E: Wer be- schützt euch vor Ge- fah -ren? P: EI - SEN - FUSS!

E: Kann euch vor dem Tod be- wah -ren? P: EI - SEN - FUSS!

D: Sil- ber- beu- te für uns beißt er! P: EI - SEN - FUSS!

© 2006 Musikverlag Warzenschwein

E: Wer ist auf — dem Schiff der Meis - ter?   gespr.: Das bist du Eisenfuß – unser Meister!

P: Ei - sen - fuß! Pi - ra - ten - blut!

Ei - sen - fuß! Pi - ra - ten - blut!

E: Kennt ihr die - sen Klang beim Ge - hen?   P: EI - SEN - FUSS!

D: Man-chem tritt er auf die Ze - hen! P: EI - SEN - FUSS!

E: Bet-teln hilft nicht, auch kein Be - ten. P: EI - SEN - FUSS! E: Und

wer nicht spurt, der wird ge-tre - ten! P: EI - SEN - FUSS!

EI - SEN - FUSS! PI - RA - TEN - BLUT!

Die Fahrt dauert lange. Bald sind die Vorräte an Bord aufgebraucht. Randolf soll dem alten Dok, dem Schiffsarzt, beim Netzeflicken helfen, damit die Piraten fischen können und etwas zu essen bekommen.

Der alte Dok kennt die fehlende Hälfte des Rätselspruchs.

Er hat die Worte auf dem Amulett von Eisenfuß gelesen:

> *„Traum zu herrschen und Tot? Mut!"*

Aber auch der Piratenkapitän erfährt die Inschrift auf Randolfs Amulett, durch seinen Spitzel Daddeldu...

Beide haben nun den vollständigen Spruch:

> *„Folge dem Traum! Wer lernt zu herrschen über Leben und Tod? Gleich Mut!"*

Das sind die drei Aufgaben, die erfüllt werden müssen, um zum Silbernen Segel zu gelangen. Sie gehören zu einer alten Prophezeiung, die beide noch nicht kennen.

„Folge dem Traum" - die erste Aufgabe haben sowohl Randolf als auch Eisenfuß schon erfüllt: Sie sind ihren Träumen gefolgt.

Die zweite Aufgabe will Eisenfuß alleine lösen. Er sperrt Randolf unten in den dunklen Frachtraum zu den Ratten. „Wer lernt zu herrschen über Leben und Tod?" Der Piratenkapitän geht mit roher Gewalt zu Werke. Sein Opfer ist Smutje, der dicke Schiffskoch, der den Piraten seit Wochen nichts anderes als Fisch aufgetischt hat

SMUTJE: Wir müssen einteilen. Die Vorräte sind seit langem knapp. **EISENFUSS:** Wir alle hungern und werden von Tag zu Tag magerer. Nur einer nicht: unser Smutje. Du wirst doch wohl nicht die alte Piratenregel für Schiffsköche vergessen haben. Wie hieß die nochmal? **SMUTJE:** Wird es knapp, dann hungern alle. **EISENFUSS:** Ganz genau. Wird es knapp, dann hungern alle. - Alle, hä? Und was ist das hier in deiner Tasche? Kekse! Seit Wochen hat keiner von uns Kekse an Bord gesehen! (Schreit:) Her mit dem Brett! **PIRATEN:** Das Brett? Das Brett! **SMUTJE** (zitternd): Nein! Nicht das Brett! **EISENFUSS** (schleift SMUTJE auf das Brett): Du kennst die Regeln. Rauf hier! Wir wünschen einen guten Flug! Hähä...

Guter Freund es ist vorbei

GUTER FREUND, ES IST VORBEI!

(Piraten = P & Smutje = S & Eisenfuß = E)

Musik: Hans Niehaus, Wolfram Eicke
Text: Wolfram Eicke, Hans Niehaus

P: Guter Freund, es ist vorbei.

S: Drau - ßen schwimmt ein hun - gri - ger Hai!

P: Erst hast du ge - nascht, jetzt er!

© 2006 Musikverlag Warzenschwein

S: Nein, nein, nein, das ist nicht fair! P: Der dicke Betrüger muss geh'n! Bleib nicht so lange da oben steh'n.

S: Ich werd's auch nie wieder tun!

Bit - te, lasst mich doch in Ruh'!

P: Gu - ter Freund, zu spät, vor - bei, un - ten war - tet der Hai.

S: Ich muss den wei - ten Weg geh'n.

Kei - ner wird mei - ne Qual ver - steh'n.

P: Guten Rutsch, auf Wiedersehn!

Grüß uns die Fischlein schön!

E: Los, mach die Planke schon frei!   S (flehend): Aber da wartet der Hai!

Ausruf vom Mastkorb: "Frachter! Steuerbord voraus!"

rit.

Ein Handelsschiff! Beute! Etwas zu Essen! Eingesperrt im dunklen, leeren Laderaum, hört Randolf, wie oben an Deck gearbeitet wird. Die „Kralle" verfolgt das Handelsschiff, um es zu kapern.

Randolf indessen ist unten im Schiffsbauch den Ratten ausgeliefert, die ihn in der Dunkelheit belauern. Ringsum ein Trippeln und Rascheln - ein Trippeln - und Rascheln. Randolf kennt die Erzählungen, wie einer der Piraten hier unten im Laderaum von den Ratten tot gebissen wurde...
Und er fühlt: Jetzt muss ich Ruhe bewahren. Tief durchatmen und an das weite, helle Licht des Silbernen Segels denken.
Nur keine Angst! Auch nicht vor der Rattenkönigin, die aus dem Dunkel aufgetaucht ist.

DIE RATTENKÖNIGIN

DIE RATTENKÖNIGIN

(Die Rattenkönigin)

Musik: Hans Niehaus, Wolfram Eicke
Text: Wolfram Eicke, Hans Niehaus

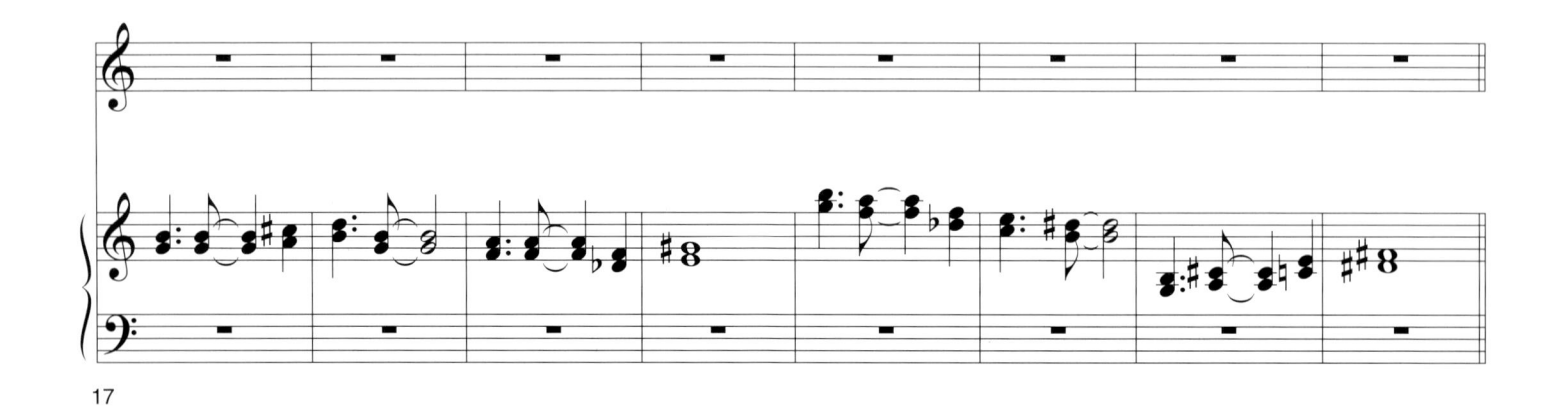

1. Wir le - ben dort, wo ihr euch nicht hin - traut, in Dun-kel-heit und Dreck. Scheucht uns nur fort, wir blei - ben wie Un - kraut, denn das ist un - ser Zweck.

2. Und weil wir euch wie Schat - ten be - glei - ten, seid ihr in uns - 'rer Macht. Ahnt ihr, wo - hin wir Rat - ten euch lei - ten? Ihr stol - pert in die Nacht.

3. Ihr meint, ihr seid uns hoch ü - ber - le - gen, doch uns ge-hört der Tanz! Weil wir an eu - ren Stüh - len sä - gen, und ihr habt vor uns Angst!

3x wiederholen

D.C. al FINE

Ratten rufen: Unser Revier! Wir bleiben hier! Ihr fürchtet uns! Ihr fürchtet euch...

Sie wollen mir Angst machen - weil sie selber Angst haben! weiß Randolf plötzlich. Immer sind sie von Menschen getreten, gejagt, getötet worden. Also haben sie sich angewöhnt, als erste anzugreifen. Wenn ich nun aber...

Ihm kommt eine Idee. „Ihr braucht keine Angst vor mir zu haben", sagt er schließlich in die Dunkelheit hinein. „Ich will nur euer Gast sein. Versteht ihr, was das ist?"
Randolfs Herz pocht. Ob die Ratten spüren, dass er es ehrlich meint? „Sobald ich gegen einen von euch meine Hand erhebe, könnt ihr mit mir machen, was ihr wollt. Aber so lange bin ich euer Gast."
Er fährt den ausgestreckten Zeigefinger um sich herum am Boden entlang, als zeichne er einen großen, unsichtbaren Kreis. Seht ihr oder riecht ihr diese Markierung? Das ist mein Platz. Über diese Linie geht heute nacht keiner von euch. - So, und jetzt leg ich mich schlafen. Danke, dass ihr mir Gastfreundschaft gewährt!"
Ein Rascheln - ein Trippeln - ein Huschen.
Randolf kann es kaum fassen: Die Ratten ziehen sich zurück!
Und plötzlich wird ihm klar, dass auch er die zweite Aufgabe gelöst hat: *„Lerne zu herrschen über Leben und Tod!"*

Fressen! Fressen!

Über ihm wird die Ladeluke geöffnet. Der alte Dok lässt eine Strickleiter herab. „Der Käptn sagt, du sollst raufkommen!" Erleichtert sieht Dok, dass der Freund unverletzt ist.

Die Piraten haben inzwischen das Handelsschiff geplündert. Kistenweise Kartoffeln und Speck und Pökelfleisch und Kekse, geräucherte Fleischkeulen, Nüsse und Obst und ganze Fässer voll Rum.

FRESSEN! FRESSEN!

(Eisenfuß = E & Piraten = P)

Musik: Hans Niehaus, Wolfram Eicke
Text: Wolfram Eicke, Hans Niehaus

E: Fres- sen, ___ Fres- sen, ___ Fres- sen! P: Hey, Ho! Fres- sen, ___ Fres- sen, ___ Fres- sen! Hey, Ho!

E: Mensch, das hätt' ich fast ver- ges- sen, wie das Fres- sen, dass das Fres- sen,

52   © 2006 Musikverlag Warzenschwein

ab und zu, zu und an, manch-mal, a-ber dann: P: Manch-mal, a-ber dann: E: Wie das Fres-sen ab und zu ei-ne Lust sein kann!

P: Fres-sen, Fres-sen, Fres-sen! Hey, Ho! Fres-sen, Fres-sen, Fres-sen! Hey, Ho!

E: Wenn das Maul gut ge-stopft ist, je-den Tag ge-nug im Topf ist.

Fett und satt, satt und fett, denkst du kaum da-ran, P: denkst du kaum da-ran,

E: wie das Fres-sen ab und zu ei-ne Lust sein kann!

P: Köstlich! Diese Kekse! Hier, schnapp die Wurst! Willst du noch'n Stück Fleisch? Probier mal hiervon! Und auch noch dies...
E: Wer nicht weiß, wie das ist, wenn es eng wird, wenn der Hunger dich verfolgt bis in die Nacht.
Wer nicht weiß, wie sich das anfühlt – nichts zu haben, einfach nichts, nichts, seit Tagen nicht mehr satt.
Wer nicht weiß, wie das ist, wenn es noch enger wird, und du nichts mehr denken kannst und nichts mehr fühlst
als dieses Knurren in dir, diese schreiende Leere – wer das nicht kennt, der wird das Maul-Sein auch nicht versteh'n,
Maul sein! Nur noch ein riesiges, einziges Maul! Und die Zähne schlagen in alles, was dir vor die Lippen kommt. Hohoho!

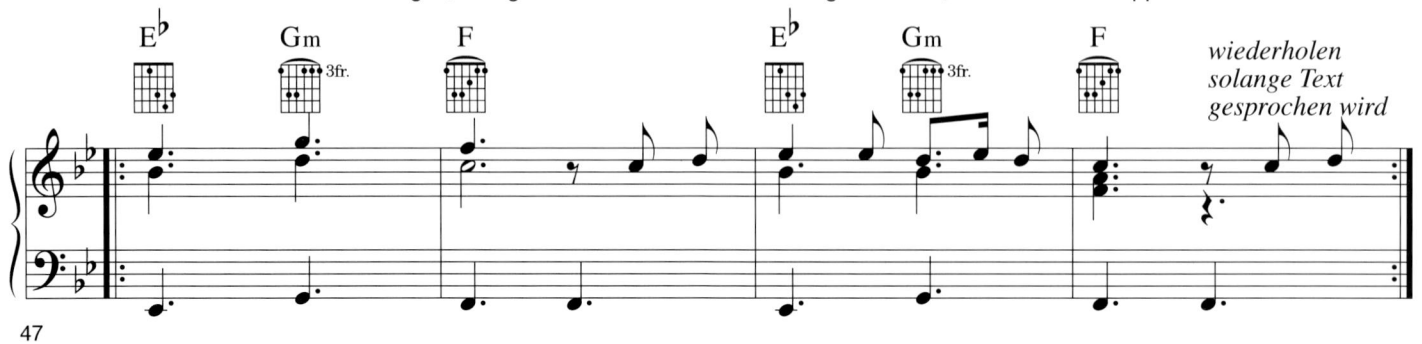

wiederholen solange Text gesprochen wird

54

P: Fres-sen, ___ Fres-sen, ___ Fres-sen! Hey, Ho! Fres-sen, ___ Fres-sen, ___ Fres-sen! Hey, Ho!

E: Wie das Fres-sen ab und zu ei - ne Lust sein kann.

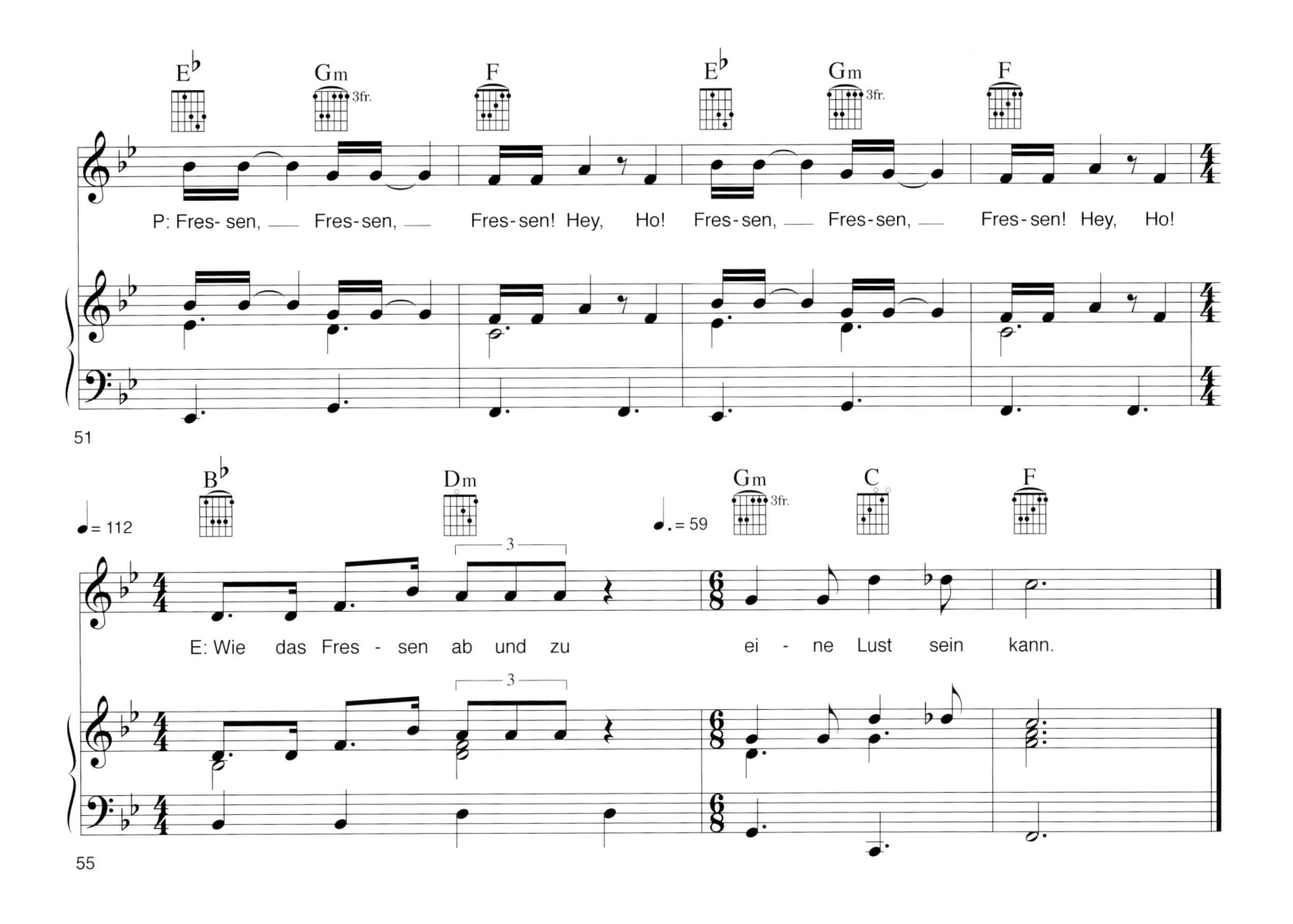

Plötzlich wird der Deckel einer großen Kiste hoch geklappt, und ein Kopf streckt sich hervor. Lange, lockige, strubbelige Haare - Randolf unterdrückt einen überraschten Schrei.

Hinter dem Zaun

Wenn ein Mensch die ersten beiden Aufgaben gelöst hat, zeigt sich ihm weit weg in der Ferne bei Nacht das Silberne Segel als ein tanzender Lichtfunke...

...der über das Meer gehaucht wird vom ewigen Atem der Zeit.
Und es geschehen plötzlich Dinge, die anmuten wie Wunder. Wer da aus der aufgeklappten Linsenkiste klettert, ist Randolfs Freundin Lilli!

Sie hatte sich auf dem Handelsschiff als Blinder Passagier versteckt.
Das Leben erscheint manchmal unglaublicher als die verrücktesten Träume.
Überwältigt vom Wiedersehen, erzählt Lilli, was sie erlebt hat.

Hinter dem Zaun

(Lilli)

Musik: Hans Niehaus, Wolfram Eicke
Text: Wolfram Eicke, Hans Niehaus

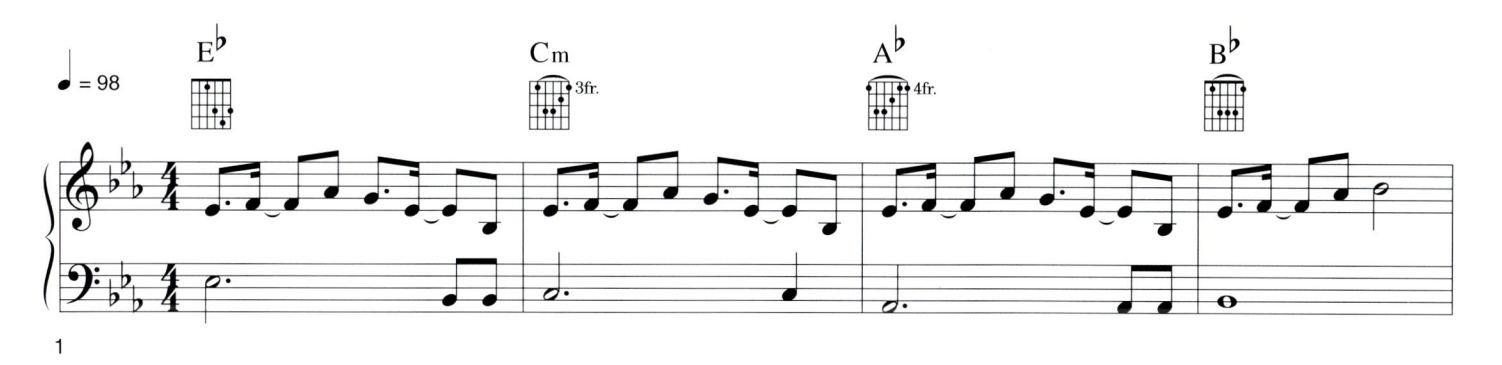

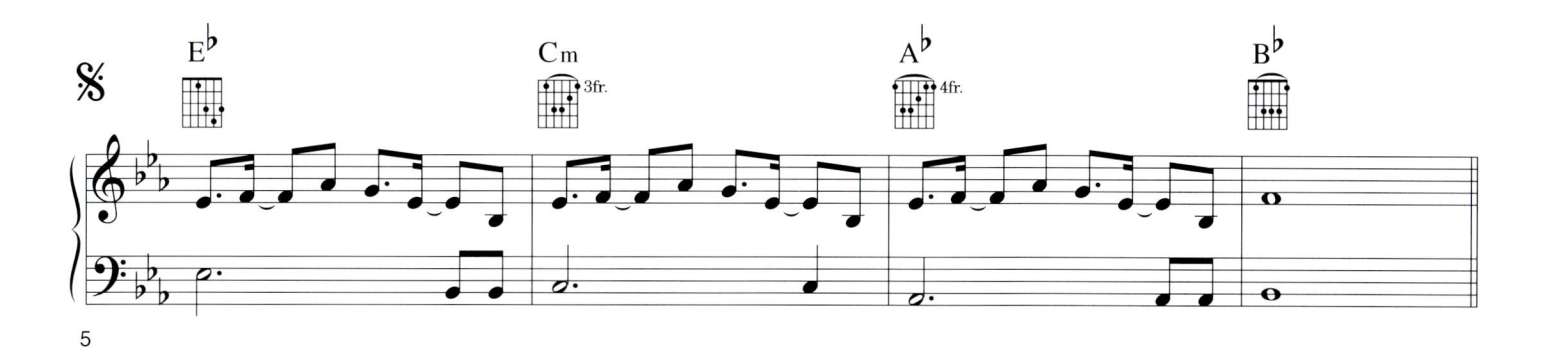

RAP 1:
Nie durfte ich allein das Haus verlassen, nie streifte ich mit Freundinnen durch Gassen,
niemals reiten, rennen oder schwitzen, immer schön brav zu Hause sitzen, nur jeden Tag dem Papa gehorchen:
Ja Papa! Sehr wohl Papa! Wie du befiehlst, Papa! Letztes Jahr im Sommer, da starb meine Mama,
und plötzlich soll ich heiraten, so will es mein Papa! Einen alten Knacker! Sei brav und halte still!
Keiner hat mich je gefragt, was ich im Leben will! Nein, Papa! So nicht, Papa! Nicht mehr Papa! Nichts wie weg!

RAP 2:
Früher kannt' ich einen, der hatte mir gezeigt: Frei sein beginnt, wenn man nicht zu Hause bleibt.
Okay, er war sehr arm, er musste sogar frieren, doch so etwas wie mir würde ihm nie passieren.
Die Welt war ihm zu eng, er gab das Alte auf, er suchte etwas Neues, und das wollte ich auch.
Und darum wurde ich ein blinder Passagier, stieg in eine Kiste, und darum bin ich hier.

RAP 1/2   *wiederholen für RAP 1 & 2*

© 2006 Musikverlag Warzenschwein

Ich war wie ein - ge - mau - ert und wur - de nur be - lau - ert.
Ich war wie ein - ge - mau - ert und wur - de nur be - lau - ert.

Ich leb - te hin - ter ei - nem Zaun!
Ich leb - te hin - ter ei - nem Zaun!

Was Neu - es muss pas - sie - ren, ich will was aus - pro - bie - ren,
Was Neu - es muss pas - sie - ren, ich will was aus - pro - bie - ren,

ich ha - be mei - nen eig - 'nen Traum! Die
ich ha - be mei - nen eig - 'nen Traum! Die

♩ = 150

58

Lilli erzählt, dass sie sich auf der Flucht mit einem anderen Mädchen angefreundet hat: mit Mara, einer jungen Hellseherin. Und die kennt eine alte Prophezeiung über die dritte Aufgabe zum Erreichen des Silbernen Segels. Aber Mara ist nicht auf der „Kralle" gelandet. Das alte, kaputte Wasserfass, in dem sie sich versteckt, haben die Piraten an Bord des gekaperten Frachters stehen gelassen. „Ich muss diese Mara sprechen!" sagt Randolf.

Wie können wir Eisenfuß dazu bringen, dass er den Frachter noch einmal verfolgt?

Da zeigt Lilli den Piraten eine goldene Dublone, und sie behauptet, dass ganze Säcke solcher Münzen auf dem Frachter versteckt sind. Ob die List funktioniert?

LILLI: Ihr seid mir komische Piraten, muss ich schon sagen! Schleppt das Pökelfleisch ab und die trockenen Bohnen, aber vergesst das Gold und die Dublonen! **DADDELDU:** Weiß Eisenfuß das? **LILLI:** Ihr könnt's ihm gerne sagen!

TAUSEND DUBLONEN

(Lilli = L, Randolf = R, Eisenfuß = E, Piraten = P)

Musik: Hans Niehaus, Wolfram Eicke
Text: Wolfram Eicke, Hans Niehaus

L: Tau- send Du- blo- nen, die wür- den sich loh- nen, im flie- hen- den Frach- ter ver- steckt. Tau- send Du- blo- nen, die wür- den sich loh- nen, Be- ei- lung, das Schiff ist gleich weg! Sol- che Beu- te, Leu- te, habt ihr lan - ge nicht ge - seh'n. So ei - ne Ge - le - gen - heit lasst ihr euch ent - geh'n?

Sol - che Beu - te, Leu - te, ha'm wir lan - ge schon er - hofft. Vol - ler Freu - de se - he ich, dass

eu - er Herz schon klopft. L+R: Tau - send Du - blo - nen, die wür - den sich loh - nen, im

flie - hen - den Frach - ter ver - steckt. Tau - send Du - blo - nen, die würden sich lohnen, Beeilung, das Schiff ist gleich weg!

L: Diese fette Beute macht euch reich ein Leben lang. Keine Armut mehr, und keine Arbeit und kein Zwang!

D: Endlich einmal alles kaufen, was das Herz begehrt! Besten Rum und beste Kutsche und das beste Schwert!

L+R+D: Tau-send Du-blo-nen, die wür-den sich loh-nen, im flie-hen-den Frach-ter ver-steckt. Tau-send Du-blo-nen, die wür-den sich loh-nen, Be-ei-lung, das Schiff ist gleich weg! Kaum zu er-tra-gen, mir dreht sich der Ma-gen, wir wa-ren so nah schon am Ziel.

Leu-te, wir hol'n uns die **Beu-te,** wir wa-gen ein wirk-lich ge-fähr-li-ches **Spiel!** Alle: Tau-send Du-blo-nen, die wür-den sich loh-nen, im flie-hen-den Frach-ter ver-steckt. Tau-send Du-blo-nen, die wür-den sich loh-nen, Be-ei-lung, das Schiff ist gleich weg!

E: Die segeln um diese Landspitze rum. Diese Abkürzung hier wagen sie nicht, dafür ist ihr Frachter zu breit.
Aber mit unserer flinken Kralle kommen wir da durch, und an dieser Stelle hier krallen wir sie uns!

D: Und die Dublonen! Alle: Tau - send ___ Du - blo - nen, ___ die wür - den ___ sich loh - nen, ___ im flie - hen - den Frach - ter ___ ver - steckt. Tau - send ___ Du - blo - nen, ___ die wür - den ___ sich loh - nen, ___ Be - ei - lung, ___ das Schiff ist ___ gleich weg!

Rufe der Piraten & Befehle von Eisenfuß:
E: Alle Segel setzen!   P: Los, pack mit an, Mensch!   E: Volles Tuch!
P: Schlaf hier nicht im Stehen ein! Aua, das war mein Fuß!   E: Steuermann: Scharf Südwest!

D: Und ich hatte die Idee! Alle: Tau - send ___ Du - blo - nen, ___ die wür - den ___ sich loh - nen, ___ im flie - hen - den Frach - ter ___ ver - steckt. Tau - send ___ Du - blo - nen, ___ die wür - den ___ sich loh - nen, ___ Be - ei - lung, ___ das Schiff ist ___ gleich weg!

Warum bin ich hier?

"Fertig machen zum Entern!" ruft Eisenfuß, als die „Kralle" den Frachter erreicht hat. „Als erstes sucht ihr nach einem alten Wasserfass mit schwarzen Beschlägen! Bringt es zu uns rüber auf die Kralle! Und bewacht es mit drei Mann!"

Ohnmächtig vor Schreck und Wut müssen Randolf und Lilli erkennen, dass der Käptn ihnen wieder mal einen Schritt voraus ist. Er hatte ihre Pläne belauscht.

Das Fass wird geöffnet. Darin erhebt sich die Gestalt eines Mädchens, und Randolf weiß plötzlich, dass er dieses Gesicht schon einmal im Traum gesehen hat.

WARUM BIN ICH HIER?

(Mara = M, Chor = C)

Musik: Hans Niehaus, Wolfram Eicke
Text: Wolfram Eicke, Hans Niehaus

♩ = 118

M: 1. Wa - rum bin ich hier? Et - was greift nach mir. Ein finst - 'rer Geist,

© 2006 Musikverlag Warzenschwein

wir sind um-kreist. Dies ist Fein-des-land.

Ei-ne bö-se Hand hat das Schiff ver-flucht.

Doch ich hab's ge-sucht.

M+C: Ah - a, ah - a - a, ah - a, ah - a - a,

D9
4fr.
A
ah - a, ah - a - a - ah.
33
Em7
Cmaj
Ah - a, ah - a - a, ah - a, ah - a - a,
37
D9
4fr.
Em7
ah - a, ah - a - a - ah. M: 2. Ich kom - me von weit her.
41
Em7
Cmaj
Reis - te kreuz und quer. Weiß nur so viel:
45

Hier bin ich am Ziel. Dem Rätsel auf der Spur. Und es tickt die Uhr. Doch mit uns reist auch ein guter Geist.

Ah - a, ah - a-a, ah - a, ah - a-a,

D9
4fr.
A
ah - a, ah - a - a - ah.
65
Em7
Cmaj
Ah - a, ah - a - a, ah - a, ah - a - a,
69
D9
4fr.
A
ah - a, ah - a - a - ah.
73
Em7
Cmaj
Ah - a, ah - a - a, ah - a,
77

ah - a - a, a - ah. Es tickt die Uhr.

Mara kennt das Geheimnis, will es aber vor Eisenfuß nicht verraten. Wütend lässt der Käptn Mara in eine Kammer sperren und bewachen.

Randolf ist ratlos: Wenn er Mara zum Sprechen bringt, erfährt Eisenfuß alles - durch seine Spitzel - und wird Randolf womöglich töten, weil er ihn dann nicht mehr braucht. Aber wenn Mara schweigt - wie soll ich dann das Silberne Segel finden?

Lauscher lauern an der Wand

Randolf stützt seinen Kopf auf die Reling, er schaut über das Meer und in den Himmel.

Zwei Wolken schieben sich zusammen und bilden einen riesenhaften Fisch mit einem großen, höhnischen Maul. Es scheint Randolf, als ob der Wolkenfisch zu ihm spricht.

LAUSCHER LAUERN AN DER WAND

(Wolkenfisch = W, Lichtgestalt = L)

Musik: Hans Niehaus, Wolfram Eicke
Text: Wolfram Eicke, Hans Niehaus

W: 1. Muss ich re-den? Darf ich schweigen?
   re-de, sterben Leben.

Lauscher lauern an der Wand. Muss ich
Lauscher lauern an der Wand. Wenn ich

© 2006 Musikverlag Warzenschwein

75

schwei - gen? ___ Darf ich re - den? ___
schwei - ge, ___ ster - ben Träu - me. ___

Lau - scher lau - ern an der Wand.
Lau - scher lau - ern an der Wand.

L: Ahh...

77

Mein Freund, warum nur?

Der Piratenkapitän erinnert sich an eine Insel, die nur wenige Tagereisen entfernt liegt. Dort lebt ein Eingeborener, ein Medizinmann, dem Eisenfuß vor Jahren das Leben gerettet hat. Er heißt Usibepu. Den will er an Bord holen, denn dieser Mann kann Gedanken lesen.

An der Reling sieht Randolf den alten Dok mit einem Seil. Dok will sich heimlich an der Bordwand abseilen, um von außen durch ein Luftloch mit Mara in der Kammer zu sprechen.
Aber auch Eisenfuß hat Dok gesehen. Ein Schuss aus seiner Pistole, ein Aufklatschen im Wasser – Starr vor Schreck sieht Randolf, dass an der Reling nur noch ein loser Strick baumelt.
Er kann nicht fassen, was geschehen ist, will es nicht wahr haben – Eisenfuß! Dieser feige Mörder! Rache! In blinder Wut schraubt Randolf eine der Kanonen los und stößt sie über Bord.

Dann sackt er zusammen und starrt stumm auf das dunkle, weite Meer.

Hope

MEIN FREUND, WARUM NUR?

(Randolf = R, Eisenfuß = E, Mara = M)

Musik: Hans Niehaus, Wolfram Eicke
Text: Wolfram Eicke, Hans Niehaus

Freund, wo-hin gehst du? Und wo bleibt un-ser Traum? Mein

Freund, wo bist du? Und wo bleibt un-ser Traum? Im

wei - ten Meer.

E (gesprochen): Ist das ein Zeichen? Mir fehlt eine Kanone!

Aber dieser Dreckskerl hat seine Strafe gekriegt!

Ich herrsche über Leben und Tod!

M: Der Tod, mein Gefährte. Und Mutter, lange fort. Ich fand nur ihren Mörder. Bei ihm sind wir an Bord. Im weiten Meer...

81

WIR SIND NICHT ALLEIN

(Lilli = L, Randolf = R, Mara = M)

Musik: Hans Niehaus, Wolfram Eicke
Text: Wolfram Eicke, Hans Niehaus

L: Grund genug, um zu klagen. Doch wir sind nicht geschlagen. Sind noch nicht besiegt, wir können uns befrei'n. Müssen mutig sein, müssen wachsam sein. Wir sind nicht allein.

© 2006 Musikverlag Warzenschwein

82

G Em Am D G Em Am D
Träu - me kön - nen nicht ster - ben. Träu - me blei - ben be - ste - hen.
17
Bm Em Cm/E♭ Gm/D D/C G/B
3fr. 3fr.
Le - be dei - nen Traum. Tu's für dei - nen Freund. Und viel - leicht auch für mich. Für
21
D/A Em/G Em Am7 C/D Em Am7
dich und für mich. Wir sind nicht al - lein. R: Wir
24
C C/D Em Am7 C C/D G
sind nicht al - lein. L&R&M: Wir sind nicht al - lein.
28
rit.

Die "Kralle" bleibt auf Kurs und macht rasche Fahrt. Heller und heller scheint das Licht des Silbernen Segels, und es kommt näher und näher.

Usibepu, der Medizinmann, liest in Maras Gedanken. Er sitzt vor der Tür zu ihrer Kammer und trommelt. Auf dem magischen Rhythmus reisen auch Randolfs Gedanken. Er ist gleichzeitig in der Südsee und zu Hause bei seinen Eltern und bei seinem Freund Dok, seine Gedanken reisen auf dem Trommelrhythmus und er hört, wie Usibepu gemeinsam mit Mara die alte Prophezeiung murmelt:

Die Prophezeiung

DIE PROPHEZEIUNG

(Usibepu = U & Mara = M)

Musik: Hans Niehaus, Wolfram Eicke
Text: Wolfram Eicke, Hans Niehaus

♩ = 72–80 schwebend

(gesprochen) Beide: Will er zerstören? Wählt er die Gier?

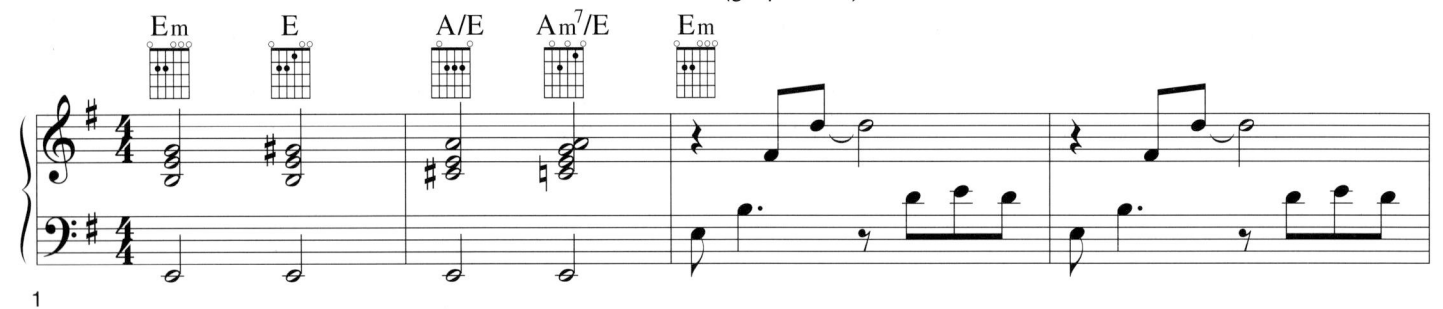

M: Die Eisenbrücke wär' bereit. (U: Die Eisenbrücke wär' bereit.) M: Will er es reiten, als Passagier?

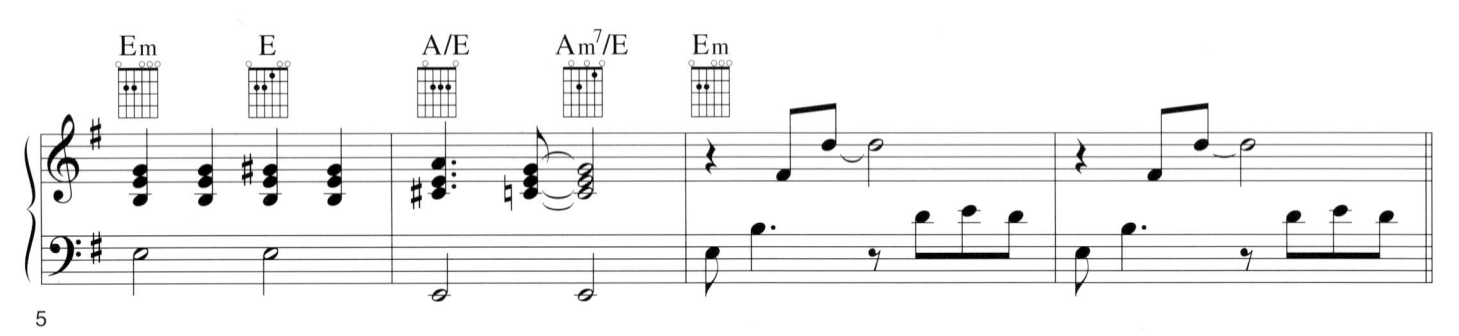

M: Dann endete die dunkle Zeit.

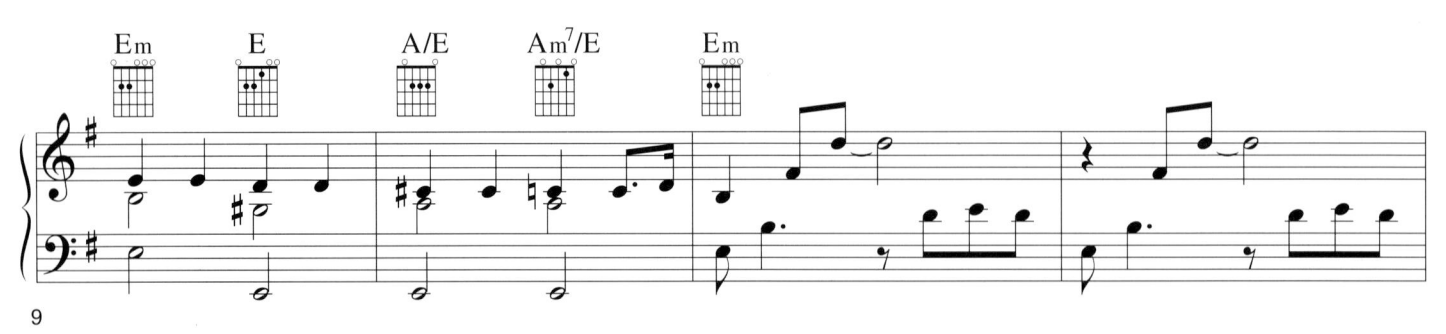

M: Nur muss er sein Verlangen zügeln und darf kein Hass im Herzen sein,

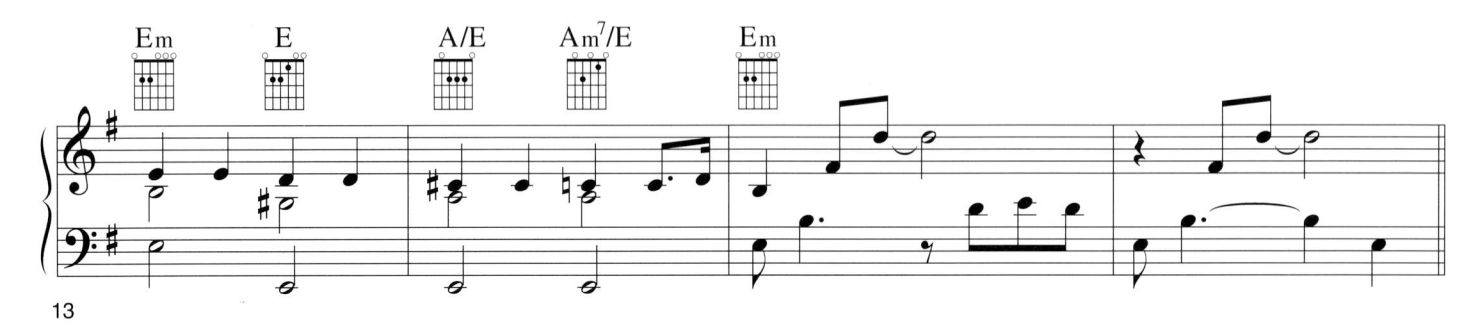

© 2006 Musikverlag Warzenschwein

sonst bleibt der Wächter stets ein Feind. (U: Ein Feind, der Unbesiegbare, der Wächter.)

M: Der Unbesiegbare. Der Wächter.

M: Was du dir selber wünschst, das gib dem gepanzerten Polyp. (U: Was du dir selber wünschst,

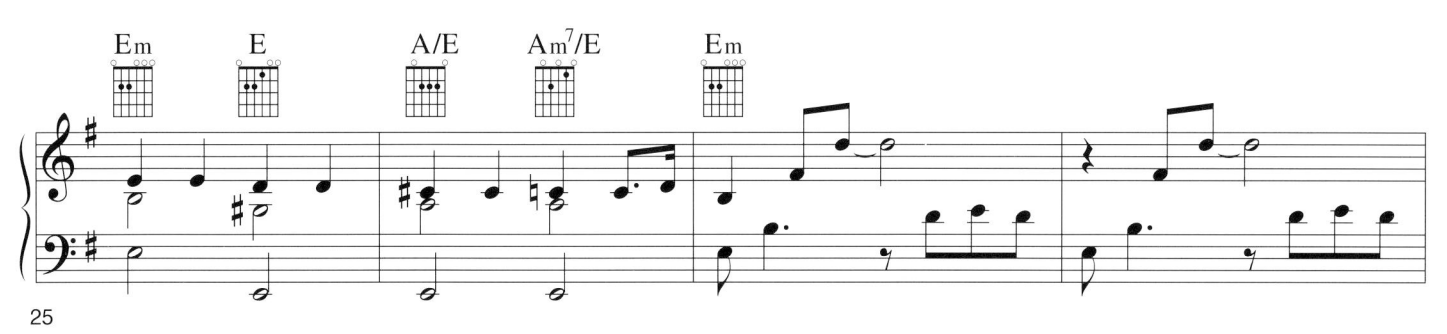

das gib dem gepanzerten Polyp.) Beide: Die Brücke zum Segel, nur scheinbar aus Eisen, wird sich als golden dann erweisen.

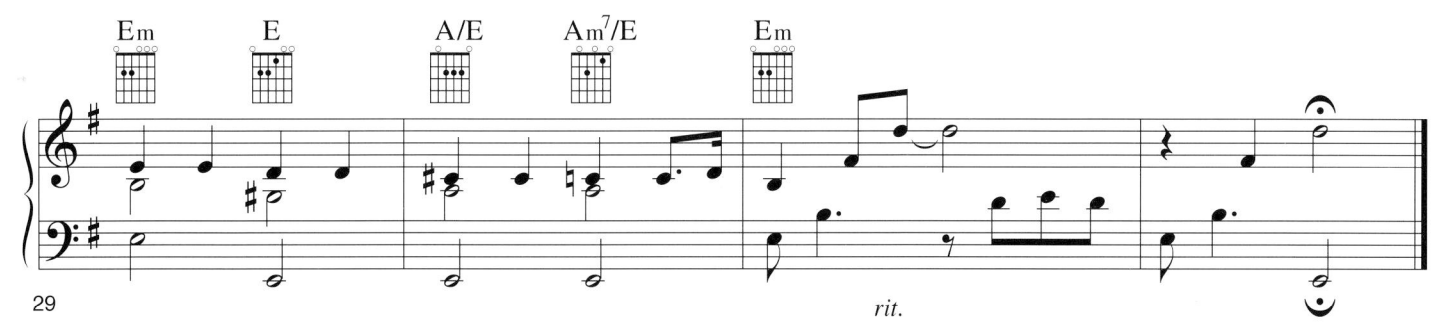

rit.

Goldene und eiserne Brücken?

Ein unbesiegbarer gepanzerter Polyp?

Tatsächlich zeigt sich auf dem Wasser, zwischen dem Schiff und dem Silbernen Segel, der große Kopf einer riesigen Krake. Gepanzert mit rötlichen, matten Schuppen, die aussehen wie rostige Eisenplatten. Gleich Mut! Heißt es in der dritten Aufgabe, erinnern sich Randolf und Eisenfuß. Und dem Gepanzerten Polyp das schenken, was ich selbst am allerliebsten hätte!

HEISSER MUSS DAS FEUER GLÜH'N!

Eine Kanone, denkt der Käptn, das ist es, was ich mir wünsche!

HEISSER MUSS DAS FEUER GLÜH'N!

(Eisenfuß = E, Dabbelju = D, Smutje = S, 3 Piraten = P)

Musik: Hans Niehaus, Wolfram Eicke
Text: Wolfram Eicke, Hans Niehaus

♩ = 66 Reggae feeling

E: 1. Rückt alles raus, was ihr an Eisen findet! Dein Schlüsselbund! Und deine Gürtelschnalle! Alles was schmilzt, brauchen wir für uns're Kanone.

© 2006 Musikverlag Warzenschwein

gesprochen: D: Suppenkelle!   P: Küchenmesser!   D: Gib mir den Topf!   S: Nein, den brauch' ich zum Kochen!

P: Stell dich nicht an – wir essen ungebrat'nen Fisch!   E: Hei-ßer   muss das Feu-er

glüh'n!   Hei-ßer!   Noch   hei-ßer!

P: Kerzenleuchter! Sägeblätter! Eisenzange!   D: Türbeschläge!

E: Rückt al - les raus, ich will noch viel mehr Ei - sen seh'n!

P: Soll er doch seinen Klumpfuß einschmelzen, ich würde ihm auch einen aus Holz schnitzen!
Nägel! Große und kleine!   D: Hier! Der Hammerkopf!

E: Hei - ßer muss das Feu - er glüh'n! Hei - ßer! Noch hei - ßer!

Hohohoho....

Der Polyp bildet eine rostrote, lang gestreckte, dunkle Fläche auf dem Wasser! Eine schwimmende Brücke aus Eisen. Wie siegessicher der Käpt'n ist... Eisenfuß wird als erster über die Brücke zum Silbernen Segel gehen und es zerstören. Randolf fühlt, dass in seinem Hals ein dicker Kloß wächst.

Soll'n wir Feinde bleiben?

SOLL'N WIR FEINDE BLEIBEN?

(Randolf = R, Eisenfuß = E, Usibepu = U,
Lilli = L, Mara = M)

Musik: Hans Niehaus, Wolfram Eicke
Text: Wolfram Eicke, Hans Niehaus

♩ = langsam frei mit Gefühl

R: Wie der Schurke lacht!   Als hätte er schon gewonnen!

♩ = freies Tempo

Und ich? Was ist mit mir?   Was kann ich dem Wächter schenken?

♩ = 82 Ballade

R: Ist es vor - bei mit mei - nem Glück, ein Schritt nach vorn und zwei zu-

© 2006 Musikverlag Warzenschwein

rück? Wa - rum siegt das Bö - se wie - der mal? War mein Kämp - fen ___ denn ver - geb - lich? ___ All das Leid und die Qual...

rit.

♩ = 131 Rockig

E: Ich muss es haben! Wir sind doch schon so nah dran!

Es muss doch endlich klappen! Ich will es unbedingt!

Ich! Ich! Ich!

♩ = freies Tempo

♩ = 82 Ballade

R: Ist das mein Feind, der al - te Mann? Der nur ans Sil - ber den - ken kann und sich da - ran fest - krallt wie ein Kind? Wärst du

95

glück - lich, _____ wenn du's hät - test? _____ Wärst du we - ni - ger al - lein? Du hast dich selbst zum Feind ge - macht, hast dir die Welt als Feind ge - dacht, wo ein je - der nur dein Geg - ner sei. Oh - ne Freun - de, _____ oh - ne Lie - be, _____ vol - ler Hass.

rit.

U: Je - der — für sich, je - der — al - lein. Je - der — teilt aus,

je - der — steckt ein. Kopf ge - gen Wand, Wand ge - gen Kopf.

Herzen verklebt, Ohren verstopft.

R+L+M: Soll'n wir Feinde bleiben hier auf dieser Welt? Nur weil wir uns unterscheiden?

Soll'n wir Feinde bleiben hier auf dieser Welt? Und immer weiter leiden?

Soll'n wir Feinde bleiben hier auf dieser Welt, bis einer fällt von uns beiden?

Soll'n wir Fein- de blei - ben hier auf die - ser Welt? Wann woll'n wir uns ent - schei-den?

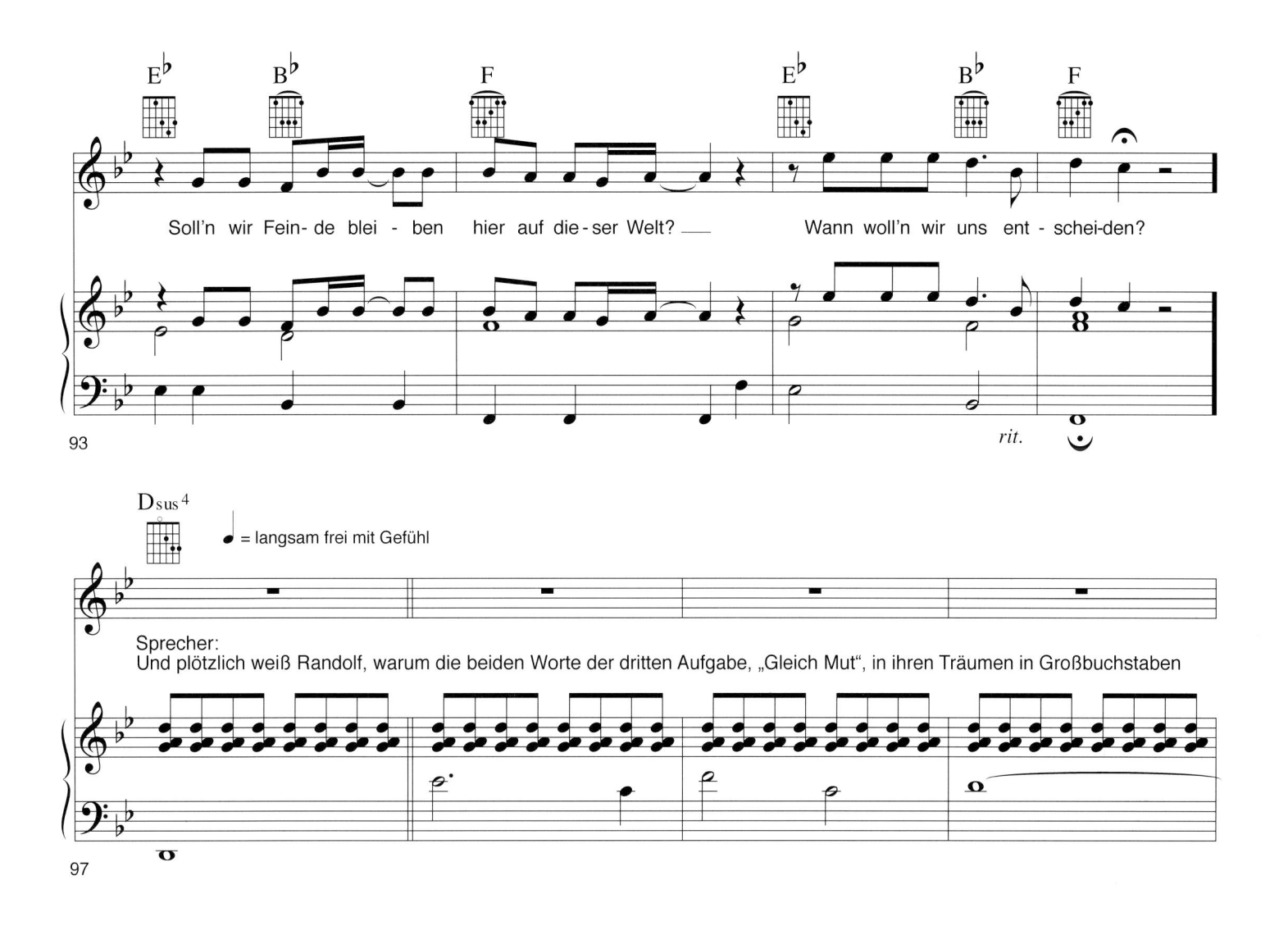

♩ = langsam frei mit Gefühl

Sprecher:
Und plötzlich weiß Randolf, warum die beiden Worte der dritten Aufgabe, „Gleich Mut", in ihren Träumen in Großbuchstaben erschienen waren. Es sind nicht zwei gesonderte Wörter, sondern ein einziges, zusammengesetztes: Gleichmut!

Und plötzlich weiß Randolf, warum die beiden Worte der dritten Aufgabe, *„Gleich Mut"*, in ihren Träumen in Großbuchstaben erschienen waren. Es sind nicht zwei gesonderte Wörter, sondern ein einziges, zusammengesetztes: GLEICHMUT! Geschehen lassen, was geschieht. Ohne Angst und ohne diesen Hass, wie er die Seele des Käptns seit Jahren zerfrisst.

Ja, Eisenfuß hasst sich. Hat sich selbst immer gehasst. Und als er jetzt über die eiserne Brücke geht, die der Gepanzerte Polyp aus seinen ausgestreckten Krakenarmen auf dem Wasser gebildet hat, da hasst er sich, weil er für die Kanone alle Werkzeuge eingeschmolzen hat, und die riesige Silberbeute jetzt nicht mal zerkleinern kann. „Schießt das Segel kaputt!" befiehlt er wütend und verbittert.

Mitgefühl, denkt Randolf. Dem Gepanzerten Polyp Mitgefühl schenken. Du musst sehr einsam sein, da unten, immer allein... Ich weiß, wie sich das anfühlt, hab es selber oft genug erlebt...
Plötzlich kippt die Brücke, sie wendet sich, die eiserne Oberseite versinkt im Wasser, und die Unterseite taucht auf - sie ist aus Gold!
Eisenfuß kann sich kaum noch halten, „Hört auf zu schießen!", brüllt er in Todesangst - aber da hat ihn schon eine Kanonenkugel erwischt.

STILLE

Das helle, silbrige Licht strahlt und glitzert genau so, wie Randolf es immer wieder in seinen Träumen gesehen hatte. Der Weg über die goldene Brücke ist frei.

Frei sein!

FREI SEIN!

(Randolf = R, Lilli = L, Rattenkönigin = RA)

Musik: Hans Niehaus, Wolfram Eicke
Text: Wolfram Eicke, Hans Niehaus

F Gm 3fr. B♭ C Dm C
R: Wie das geht, hat noch kei-ner ver-ra-ten. Pro-bier'n wir's! Denn so
18
B♭ C Dm B♭ C
kann's nicht wei-ter-geh'n: ein Le-ben in Angst. R&RA: Ei-ner tritt den
22
Dm B♭ C Dm
an-dern von o-ben, der and-'re rächt sich, wie er nur kann.
26
F Gm 3fr. B♭ C
29

Alle: Weg mit der Angst! Ab heu-te wird ge-tanzt! Weg mit der Angst! Jetzt wird ge-tanzt!

R&L: Frei sein, das woll'n nicht nur Pi-ra-ten, frei sein woll'n auch die Leu-te an Land. Wie das geht, hat noch kei-ner ver-ra-ten. Pro-bier'n wir's! Denn so kann's nicht wei-ter-geh'n: L: ein Le-ben in Angst.

L&RA: Ei- ner tritt den an- dern von o- ben, der and- 're rächt sich, wie er nur kann.

Alle: Weg mit der Angst! ___ Ab heu- te wird ___ ge- tanzt!

Weg mit der Angst! ___ Jetzt wird ge- tanzt!

♩ = 134

Alle: Flü- gel im Wind, ___ Flü- gel im Wind, ___ Flü- gel, die uns he- ben,

105

Flü-gel im Wind, ___ Flü-gel im Wind, ___ ü - ber Zeit ___ und Raum.

Flü-gel im Wind, ___ Flü-gel im Wind, ___ him-mel-hoch ___ zu schwe - ben ___

Flü-gel im Wind, ___ Flü-gel im Wind - das bleibt nicht nur ein Traum!

R/L: Leuch - te Sil - ber - se - gel! Leuch - te

B♭
F
Sil - ber - se - gel! Nur im Hel - len sind wir frei.
77
B♭
B♭
R/L: Leuch - te Sil - ber - se - gel! Leuch - te Sil - ber - se - gel!
82
C
♩ = 150
B♭
F/A
Wir he - ben ab bist du - da - bei? L: Und end - lich sind wir
86
C
B♭
F/A
C
B♭
F/A
C
frei. R: Und end - lich sind wir frei. Und end - lich sind wir frei.
91

Anfang steht immer ein Traum. Am Anfang steht immer ein Traum. L: Was wir auch treiben im weiten Weltenraum. Beide: Am Anfang steht immer ein Traum. L: Am Anfang steht immer ein Traum. Am Anfang steht immer ein Traum. R: Was wir auch hof- fen, er- kämp- fen o- der bau'n. L: Am An- fang steht im- mer ein Traum.

Erzähler: Ist einer mutig genug? Macht sich einer auf den Weg?

Erzähler: Noch sind die Herzen der Menschen dunkel vor Angst. Aber eines Tages kommt die Zeit... Alle: Am

An- fang steht im- mer ein Traum. Am An- frang steht im- mer ein

Em A G/B A/C♯ D Bm
Traum. Ob wir das sil - ber - ne Se - gel ein - mal schau'n? L: Am
127
G A Bm A G A
An - fang steht im - mer ein Traum. Alle: Ob wir - das sil - ber - ne Se - gel ein - mal
130
D Bm G A Bm E/G♯
schau'n? L: Am An - fang steht im - mer ein Traum. R: Am
133
rit.
G A D
An - fang steht im - mer ein Traum!
136

ENDE

111

DAS SILBERNE SEGEL Songbook
Wolfram Eicke und Hans Niehaus

Bosworth Edition

© 2007 by Bosworth Music GmbH, Berlin,
part of The Music Sales Group

Klavierarrangement: Eric Babak

Gestaltung: WAPS, Hamburg
Illustration Frontcover: Daniela Chudzinski
Illustrationen Booklet: Bärbel Ilikannu-Puschke

Unerlaubter Nachdruck dieser Publikation, auch in Teilen,
ist mit jedem Verfahren, einschließlich der Fotokopie,
eine Verletzung des Urheberrechts.

BOE7410
ISBN 987-3-86543-286-5
ISMN M-2016-5286-3

Printed in the EU.

www.bosworth.de